Halte aux Tyrans !

Un livre à l'usage des enfants pour les aider à affronter les enfants qui harcèlent les autres.

Texte de
J. S. Jackson

Illustrations de
R. W. Alley

Éditions
DU SIGNE

ÉDITEUR :
ÉDITIONS DU SIGNE
BP 4
67038 STRASBOURG CEDEX 2
Tél. (00-33) (0) 3 88 78 91 91
Fax (00-33) (0) 3 88 78 91 99
e-mail : info@editionsdusigne.fr
www.editionsdusigne.fr

Textes :
J. S. Jackson

Traduction :
Nadine Deffieux - Didier Dolna

Illustrations :
R.W. Alley

Version française :
© Éditions du Signe - 2007
Tous droits réservés - Tous moyens de reproduction strictement interdits

Version originale publiée aux USA
Titre original : «Bye-bye, Bully !»
Texte © 2003 J. S. Jackson
Illustrations © 2003 St Meinrad Archabbey
Édité aux USA par One Caring Place - Abbey Press - St. Meinrad, Indiana 47577

ISBN 978-2-7468-1849-1

Imprimé en CEE

Introduction

Il arrive qu'un enfant soit victime de brutalités ou de brimades répétées[1]. Ce harcèlement physique ou moral est devenu une forme de violence de plus en plus répandue dans les écoles primaires. *Aux États-Unis*[2], des études montrent que plus de 75% des étudiants déclarent avoir été victimes pendant leur scolarité de violences volontaires, systématiques et répétées.

Le harcèlement implique toujours une relation de domination, qu'elle soit physique, affective ou sociale. Les garçons ont tendance à employer la force physique (bousculer, frapper, tordre le bras) alors que les filles exercent plutôt des violences psychologiques (moqueries, surnoms, commérages, rumeurs).

Jusqu'à très récemment, ces violences ont souvent été sous-estimées, traitées comme des histoires de gosses, comme un passage obligatoire inhérent à l'enfance. Les moqueries en particulier sont souvent prises à la légère et considérées « après tout » comme un moyen d'endurcir les enfants et de les préparer à affronter le monde dans lequel ils devront vivre.

Or, en réalité, le harcèlement a des conséquences sérieuses aussi bien sur ceux qui le subissent que sur ceux qui le pratiquent. Les victimes de harcèlement peuvent devenir dépressives et perdre pour longtemps l'estime d'elles-mêmes. Inversement, les agresseurs, ceux qui auront pratiqué le harcèlement pendant leur enfance, peuvent développer un sentiment d'impunité et de toute-puissance pouvant les conduire à des comportements marginaux et délinquants dans leur vie d'adulte.

Pour que nos enfants ne soient pas victimes de ce type de violence, nous devons les aider à se faire respecter. Il faut d'abord leur apprendre à éviter les situations dangereuses, mais, s'ils doivent les affronter, il faut qu'ils sachent exprimer clairement leurs sentiments, dire « non » quand on veut les contraindre, se défendre verbalement sans avoir à donner des coups. Les enfants-tyrans[3], ceux qui s'en prennent aux autres, se risquent moins à agresser ceux qui ont confiance en eux et qui sont pleins de ressources.

Vous devez aussi encourager vos enfants à vous dire ce qu'ils savent sur l'école et sur les activités péri-scolaires. Soyez attentifs aux symptômes suivants qui peuvent vous indiquer que votre enfant est victime de harcèlement : repli sur soi, manque d'intérêt soudain pour l'école, chute des résultats scolaires ou signes de maltraitance physique. Si ces signes apparaissent, c'est que votre enfant est en danger. Prenez contact avec son maître ou sa maîtresse et agissez.

Quand ils sont victimes de violences physiques ou morales, les enfants ne peuvent pas s'en tirer seuls. Il convient donc d'être à leur écoute et de leur donner les moyens d'affronter ce genre de situation. Ce n'est qu'à cette condition que nous pourrons endiguer ce phénomène alarmant.

---

1 *Phénomène que les Anglo-Saxons désignent par le terme de « bullying » (note des traducteurs).*
2 *Note des traducteurs.*
3 *Tyrans, c'est ainsi que nous appellerons le plus souvent les « bullies », terme par lequel les Anglo-Saxons désignent les agresseurs ou « harceleurs » (note des traducteurs).*

Qu'est-ce que le harcèlement physique ou moral ?

Si quelqu'un t'embête, se moque de toi, te fait du mal ou est tout simplement méchant avec toi et ceci jour après jour, semaine après semaine, c'est du harcèlement.

Harceler n'a rien à voir avec les petites bagarres, les bousculades, les disputes et les chamailleries que les enfants ne manquent pas d'avoir entre eux. Harceler n'est pas un accident. C'est faire du mal à quelqu'un exprès et recommencer sans cesse ; c'est se moquer constamment de lui, le frapper, lui donner des coups de pied, des coups de poing ; voilà exactement ce que font les petites brutes qui harcèlent les autres.

Tu n'es pas tout seul

Presque tout le monde est victime de harcèlement à un moment ou à un autre de sa vie, que cela soit le fait d'un frère ou d'une sœur, d'un gosse du voisinage, ou d'un camarade de classe.

Si quelqu'un te harcèle, se comporte régulièrement de façon méchante avec toi, tu peux avoir peur, te sentir impuissant et bien seul. Mais il y a des choses que les enfants peuvent faire pour que ça s'arrête.

Souviens-toi : rien ne justifie ce genre de traitement. Il faut donc bien connaître le phénomène pour pouvoir y faire face quand il se produit. Une personne avertie en vaut deux !

À quoi ressemblent les tyrans, ceux qui harcèlent les autres ?

Des tyrans, il en existe de toute sorte et de toute taille. Tu les reconnaîtras plus par leur façon d'agir que par leur apparence.

Les tyrans sont souvent bruyants, égoïstes et agressifs. Ils ont besoin de montrer leur force, de dominer. Faire du mal aux autres leur donne un sentiment de puissance.

Ces enfants qui harcèlent les autres sont en fait des enfants qui ne vont pas bien ; et, bizarrement, faire souffrir les *autres* est la seule façon qu'ils ont trouvée pour essayer de *se* sentir mieux.

Qui les enfants-tyrans embêtent-ils ?

Les tyrans recherchent ceux qui leur semblent les plus faibles. Ils s'en prennent de préférence aux petits, aux timides, à ceux qui sont plus impressionnables, à ceux qui sont un peu différents. Il suffit de porter des lunettes, d'avoir les cheveux roux, d'être un peu gros, un peu maigre, un peu grand, un peu petit, ou d'avoir un accent.

C'est pourtant normal d'être *différent*. Ça ne veut pas dire qu'on est *meilleur* ou *pire* que les autres. Tu es simplement comme Dieu t'a fait : il t'a donné une apparence et une personnalité particulières pour faire de toi l'être unique et formidable que tu es, et tu peux en être fier et heureux.

Comment les tyrans font du mal aux autres

Un tyran peut coincer un enfant au fond du car scolaire pour lui donner un coup de poing ou lui tordre un bras. Il peut faire tomber quelqu'un dans la cour de récréation ou tirer les cheveux d'une fille dans les toilettes.

Les tyrans peuvent aussi blesser les enfants moralement, en se moquant d'eux de façon méchante ou en leur donnant des surnoms humiliants. Ils peuvent appeler « Dumbo » un garçon qui a de grandes oreilles, ou « Poil de carotte » une fille qui a des cheveux roux. Des plaisanteries douteuses de ce genre peuvent être aussi douloureuses que des coups.

Un tyran peut faire courir des rumeurs à ton sujet, se moquer de toi, et faire tant et si bien que tu as l'impression que personne ne t'aime. Ça fait du mal alors de se sentir exclu, de ne plus faire partie d'aucun groupe.

Ce que veulent les tyrans

Les tyrans éprouvent un sentiment de puissance quand ils ont réussi à faire du mal aux autres. Voici quelques exemples de ce qu'ils font, et des réactions qu'ils attendent de ta part.

Ce que fait un tyran :	**Ce qu'il veut que tu fasses :**
te frapper, te pousser, ou te faire tomber	pleurer, t'enfuir
te donner des surnoms comme « binoclard » ou « gros plein de soupe »	pleurer, être triste ou avoir honte
parler de toi dans ton dos	pleurer, te sentir mal et seul

Si tu veux qu'un tyran arrête de te harceler, essaie de ne pas te comporter comme il veut que tu te comportes !

Quatre façons de neutraliser les enfants qui tyrannisent les autres

Parce que tous les enfants ne sont pas les mêmes et que tous les enfants qui tyrannisent les autres ne sont pas les mêmes, il faut essayer différentes solutions pour les empêcher de continuer. Voici quatre des meilleures façons de les neutraliser :

1. Ne te laisse pas faire. Sois courageux.
2. Évite les ennuis.
3. Mets un « nuage de sécurité » autour de toi.
4. Parles-en à un adulte. Demande de l'aide.

Ne te laisse pas faire

Les tyrans ne s'en prennent pas aux enfants qui se défendent. Entraîne-toi devant un miroir :

- Redresse-toi, bombe le torse et prends un air fier.
- Regarde-toi droit dans les yeux.
- Dis à haute voix : « Je n'aime pas ce que tu es en train de faire et je veux que tu arrêtes. »
- Répète-le encore et encore jusqu'à ce que tu y croies et que les autres puissent y croire aussi.

La prochaine fois qu'un tyran voudra s'en prendre à toi, tu seras prêt. Tiens-toi droit. Regarde-le dans les yeux et dis : « Je n'aime pas ce que tu es en train de faire et je veux que tu arrêtes. » Continue à le dire jusqu'à ce qu'il arrête.

Ne cherche pas les ennuis

Si tu évites de te trouver sur leur chemin, les tyrans ne pourront pas te faire de mal.

Si un jour tu te fais embêter au fond du car de ramassage scolaire, le lendemain assieds-toi plutôt à l'avant. Si, dans la cour, quelqu'un cherche sans arrêt à te faire tomber en te faisant des croche-pieds, tu essaieras, pendant la récréation, de ne pas trop t'éloigner de tes amis ni du maître de service. Si on essaie de te provoquer en se moquant de toi, réponds simplement : « Laisse tomber ! » ou « Je m'en fiche ! » et continue ton chemin.

Il y a une grosse différence entre être une poule mouillée et être tout simplement malin. Éviter les ennuis à chaque fois qu'on le peut, c'est faire preuve d'intelligence.

Mets un « nuage » autour de toi

Voici un truc génial contre les injures ou les brimades. Demande à Dieu de mettre un « nuage de sécurité », une sorte de « super nuage » autour de toi pour te protéger.

Fais comme si tu étais dans un beau nuage chaud, un nuage de bonheur que Dieu aurait créé juste pour toi. Tant que tu es dans ce nuage, tu ne peux pas vraiment voir la petite brute qui te harcèle, ni entendre ce qu'elle te dit. Tu es en sécurité et tu te sens bien, enveloppé dans l'amour de Dieu.

Mettre un nuage autour de toi peut stopper le harcèlement, parce que le tyran n'obtient pas ce qu'il cherche. Il n'arrive pas à t'embêter.

Dénoncer la violence, ce n'est pas « rapporter »

Si rien d'autre ne marche, alors il est temps de dire à un adulte ce qui se passe et de demander de l'aide. Parfois il est difficile aux enfants de demander de l'aide, surtout si on leur a dit de ne pas « rapporter ». Mais il y a une grande différence entre « *rapporter* » et *dénoncer* un comportement violent.

Si ta sœur a mangé plein de bonbons avant le dîner et que tu vas le dire à ta maman, tu fais ça pour qu'elle ait des problèmes : là tu rapportes, et ça concerne des petites histoires sans gravité.

Mais quand un enfant fait exprès du mal à un autre enfant, en disant la vérité, tu essaies de résoudre les problèmes de quelqu'un qui souffre. Là, tu ne rapportes pas. Au contraire, dans ce cas précis, en parler à un adulte est bien ce qu'il faut faire.

T'es-tu déjà comporté en tyran ?

Il peut nous arriver à tous d'être méchants avec les autres à certains moments, dans certaines circonstances, par exemple quand on est fatigué, ou en colère, ou tout simplement de mauvaise humeur.

Quand tu sens que tu vas être méchant, essaie de te rappeler combien ça fait mal quand quelqu'un est méchant avec toi. Essaie d'évacuer tes mauvaises pulsions par exemple en allant taper très fort dans une balle de tennis, ou en vidant ton sac, en disant à quelqu'un tout ce que tu as sur le cœur.

Fais le serment d'arrêter de te comporter en brute ou en tyran avec les autres :

1. Je ne brutaliserai ni ne brimerai mes camarades de classe, mes amis, mes voisins ou les membres de ma famille.
2. J'aiderai ceux qui sont victimes de brutalités, de brimades et de harcèlement en tout genre.
3. J'essaierai d'être gentil avec tous les enfants tout le temps.

Comment aider les autres à affronter les tyrans

Si tu vois un tyran s'en prendre à quelqu'un, tu peux avoir peur et ne pas savoir quoi faire. Essaie de prendre ton courage à deux mains et dit : « Arrête ! » ou « ça suffit ! » Tu seras surpris par l'effet produit, surtout si d'autres enfants se mettent aussi à protester.

Si tu vois quelqu'un se faire malmener, tu peux faire preuve d'une autre forme de courage : approche-toi de la victime, dis-lui que tu es son ami, propose-lui de venir jouer avec toi.

Un peu de courage peut faire des merveilles pour neutraliser une brute !

Stop au harcèlement

Les enfants ont le pouvoir de neutraliser les tyrans. Prends ton courage à deux mains, défends-toi et défends les autres.

Dans la plupart des religions, les écritures saintes nous enseignent cette règle d'or : « Traite les autres comme tu aimerais qu'ils te traitent. » Si tout le monde appliquait cette règle, il n'y aurait plus de harcèlement.

Tu peux contribuer à faire de ta maison, de ton école et de ton quartier, des zones où il n'y a pas de harcèlement. Tout le monde a le droit de vivre heureux et en sécurité. Tous ensemble, enfants, parents et enseignants, nous pouvons faire qu'il en soit ainsi.

Marié et père de famille, **J.-S. Jackson** vit à Lenexa dans le Kansas. Après avoir travaillé chez Hallmark, il est maintenant homme au foyer et mène de front de multiples activités. Il est entre autres écrivain et éditeur free-lance pour Abbey Press et achève actuellement l'écriture d'un ouvrage pour enfants intitulé « Safe at Home » qui traite des problèmes de sécurité à la maison.

R.-W. Alley est l'illustrateur d'une série populaire pour adultes publiée dans la collection Elf-help ainsi que l'auteur et l'illustrateur de livres pour enfants. Il vit à Barrington dans le Rhode Island, USA, avec sa femme, sa fille et son fils.